シリーズ・女の幸せを求めて
生長の家『白鳩』体験手記選⑧

# 女性の天分に目覚めたとき

日本教文社編



日本教文社

# 目次

装幀　松下晴美

# 編者はしがき

この「シリーズ・女の幸せを求めて　生長の家『白鳩』体験手記選」は、生長の家にふれて、幸せを得た女性の体験を紹介する、小社刊行の『白鳩』誌の「体験手記」をテーマ別に精選編纂したものです。本書中の年齢・職業・役職等は同誌に掲載された当時のもので、手記の初出年月はそれぞれの末尾に明記してあります。

シリーズ第八巻の本書は、生長の家にふれて、女性としての天分に目覚め、明るい家庭を築いていった女性の手記を紹介します。「夫にハイ」を実践し、太陽のように明るく暖かく、妻として、母としての天分を発揮するとき、家庭が調和し、夫の仕事が順調となり、子供もスクスクと成長していった体験がつづられています。

日本教文社第二編集部

# 思いきって言った「パパ、ありがとう」この言葉から幸せへの道がひらけて

京都市北区　人見友見《ひとみゆみ》（28歳）

## 子どもの夜泣きに疲れきっていたとき

平成七年八月のこと、その頃私は、二歳の長女の夜泣きに悩まされていました。毎晩決まって午前一時と午前四時、「ギャー」といった激しい泣き方で、どんなにあやそうが、抱っこしようが、短いときは十分くらいのこともありましたが、長いときは一時間くらいも泣き叫ぶのです。

睡眠不足と心配で、心身ともに疲れ切っていました。それに加えて、次の子を妊娠していて、ひどいつわりに苦しめられていました。

主人はと言えば、自分勝手でわがまま。夫婦喧嘩もしょっちゅうやっていて、経済的にも苦しく、よいことは一つもありませんでした。

〝四年も辛抱《しんぼう》したんやもん、いっそのこと、もう別れよう〟

という気持になることもしばしばでした。心身ともにもうボロボロでした。

そんなときに、独身時代、化粧品会社のインストラクターをしていた頃のつながりがあった、河村幸子さんが化粧品のことで訪ねて来られました。

その河村さんが、生長の家の月刊誌『白鳩』と「母親教室＊」のチラシを出されました。伺《うかが》えば、生長の家の雑誌とのこと。「河村さん、こんなんやってるの？」と驚いて訊《たず》ねました。

彼女は、およそ宗教とか母親教室とかのイメージには似つかわしくないタイプの女性と見ていましたので、逆に彼女が言う「生長の家」に興味を持ったのかもしれません。

どんな宗教か訊ねると、

「私もようわからへんねん。せやけど、私が生長の家に入ってから、うちの子よう笑うようになってん」

と言われるのです。そして、

「私よりようわかってる人を、今度連れてくるから……」

イキイキと張り切っている人見友見さん

と言って、帰って行かれました。

そして、しばらくして河村さんが連れてこられたのが、森本秀子さんでした。

私は、〝話は聴《き》いても、絶対に宗教には入らないでおこう〞と思っていましたので、自分一人では断《ことわ》るとき心細いと思い、愚痴《ぐち》仲間のひとりに、「断るときには一緒《いっしょ》に言うてな」と応援を求めて、二人がかりで森本さんの話を聴くことにしました。

〝いくら話を聴いても、主人は絶対変わらないだろうけど、子どものことは少しぐらい変わるかもしれない〞という気がしたからでした。

## 騙されたと思って……

森本さんも化粧品の仕事をしていたときの顔見知りでしたので、気持は楽《らく》でしたが、反面知っている人だけに〝断りにくいかなあ〞という心配はありました。

森本さんは、

「別にこれと言ってなにもないいんやけど、人間は神の子で、神様の世界は善のみで悪はない。病気もなければ、貧乏もない。お父さん、ありがとう、お母さん、ありがとう。

お父さんのお蔭《かげ》です。ありがとう、ありがとう、と言っていたら、勝手に家はよくなるねん。とにかく、初めは口先だけでもいいからありがとうと言ってみ」

と言われたのです。

「何？　それ！　そんなこと言えますか」

と驚いて反発しました。

〝そんなことで、幸せになるなんて、そんな宗教聞いたことないわ！〟

と思ったのですが、森本さんは、

「一回だけ騙《だま》されたと思ってやってみ。言うだけやったら、しんどくてもやれるやろう」

と言われました。森本さんの口から出る言葉はそれだけで、後は、明るい笑い声を響かせながら帰って行かれました。

「騙されたと思って一回やってみ」と言われた森本さんの言葉が心に残っていたので、早速《さっそく》、実行してみることにしました。

「ありがとうございます。ありがとうございます。お父さん、お母さん、ありがとうございます。パパ、ありがとうございます」

その日、一日言い続けました。その夜のことです。午前一時がくると、いつもの習慣で、私の方が先に目が覚め、「あれッ?」と思って見ていると、いつもの〝絶叫マシーン〟が始まらないのです。長女はおだやかに眠っているのです。

〝おかしいなー、こんなはずはないんやけどなあ〟と思いながら私も眠ってしまいました。そしてまた、いつもの午前四時、再び目が覚めてみると、長女は一声もあげず眠っていました。

そしてその日を限りに、私の大きな悩みの種《たね》だった長女の夜泣きが治ってしまったのです。

〝不思議なことがあるもんやなー、これが森本さんが言っていた「ありがとう、ありがとう言っていたら、すべてよくなるんや」っていうののお蔭《かげ》かなあ〟

と、半信半疑ながら、長女の夜泣きが治まったことに幾分《いくぶん》の力を得て、また翌日から、「ありがとうございます。ありがとうございます」と、言い続けました。

長い間、私の心の中は、常に不平不満の想《おも》いでいっぱいでしたので、本当に、〝有難いなー〟という心にはなかなかなれず、腹が立ったり、イライラしたり、主人に対して文句が言いたくなったりしたときに、それを押さえつけるように、「ありがとうございます。ありがとうございます」と言っているという感じでした。

「パパ、ありがとう、パパのお蔭でご飯が食べられるんやなあー」

と、言葉に出して主人に言ってみると、主人は、

「当たり前じゃー、今頃気がついたんか」

と言われて、また、〝クソッ、言うんじゃなかった〟と口惜《くや》しい思いもしました。

あまり口惜しいので、主人の大嫌いな宗教の話をしてやろうと思い、

「パパ、生長の家っていう宗教があって、何かにつけご主人を中心にもってきて、〝パパ、ありがとう〟って言ってたら幸せになるんやて、私そこの母親教室に参加するしな」

と勝ち誇ったように言ったのです。それまでの主人は、私の言うことすべてを嫌《いや》がり、否定し、よい話を聴いてきたときでも、話すと、「そんな旨《うま》い話があるか！」などとケチをつけるのが普通のことになっていたのが、この時だけは、「わしをほめる宗教か、行って来い」と言うのです。

思わぬ反応にビックリした私は、

「えッ、ほんまにいいの?」

と問いただすと、

「わしをほめる宗教やろ? 良い宗教やなあ」

と言ったのです。

これには本当にビックリしました。主人の許しを得て、早速、翌九月の母親教室に出ることにしました。

## 外食より出前が……

つわりはまだおさまっていず、気分は悪かったのですが、「母親教室」は何とも言えないあたたかい雰囲気につつまれていて、心が落ち着き、〝いいなあ〟と思いました。「これだったら毎月聴きたい」という気持になってきました。

つわりがひどく、やっとの思いで出かけて来たことを森本さんに話すと、森本さんは、「食事をしたいとき、外食もラクやけど、出前取ったら便利でもっとラクやろ? 生長の家も講師の先生が、真理のお話をもって家に来てくれはるよ。お宅で母親教室を開いたら？」

と言われたのです。〃そう言われたらそうやな〃と思った私は、「ぜひ、来月から来ていただきたい」とお願いして、翌十月から、自宅で母親教室を開かせていただくようになりました。

いよいよ私の訓練が本格的に始まりました。とにかくハラが立つと、「お父さん、お母さん、ありがとうございます」と言いました。一日中、「ありがとうございます」と言っている自分に気がついて、「私って、一日中ハラを立てたり、イライラしたりしていたんやなあ」と、今までの自分のことが見えた気がしました。

愚痴《ぐち》を言っていたのがだんだん少なくなり、主人に対する気持も変わってきました。すると、それまで絶対なかったことなのに、主人がやさしい言葉をかけてくれるようになりました。家事や育児を手伝ってくれるようになりました。

今まで考えられなかったことが、次々起こってきました。実家の母とのこともそうでした。

## 母娘ゲンカが絶えず

私は四人きょうだいのうちの娘一人という境遇で育ちましたが、性格が母娘《おやこ》で似ているせいか、母とはずっと仲が悪く、些細《ささい》なことでもすぐ衝突しました。

自分の母のことを、自分勝手でわがまま、気分屋と思っていましたので、二人寄るとすぐケンカになりました。売り言葉に買い言葉が高《こう》じて、つかみ合いのケンカをしたこともありました。

出産費用が足りなかったので、実家の母に貸してもらうことになっていたのですが、その日も虫《むし》の居所《いどころ》が悪かったのか、母が電話で、

「お産にお金がかかることくらいわかっていたやろうッ、貸してあげる言うたけど、もう貸さへんわ」

と言ったのです。それまでの私でしたら、そんなことを言われたら、母の一言に対して三言も四言も言い返して、結局、「そんなにまでいうのやったら、もう貸していらんわッ」ということになるのがオチでした。

けれども、その日の私は違っていました。不思議にハラが立たず、「お母さんが言うのももっともだ」という気がして、「ありがとうございます、ありがとうございます」と心の中で言い続けて電話を切りました。

母が私たちきょうだいを育ててきてくれた上で、どんなに苦労をしてきたことかを思うと、母がいとおしくさえ思えてくるのです。

広告のチラシを見ては、「コッチが安い、アッチが安い」と言って、私たちのために駆け回っていた母の姿は、今の私の姿でもあったのです。

母に感謝の気持が湧《わ》いてきました。口先だけで言っていたつもりの「ありがとうございます」が、いつの間にか本当の想いになっていました。

数日後、母が電話で、「この間は悪かったな、ごめんな。お産の費用貸してあげるし、心配しんときな」

と言ってきてくれたのです。母はやっぱり私の母でした。胸に熱いものがこみ上げ、感謝の涙が溢《あふ》れました。

母のお蔭で、昨年春三月、長男を無事出産することができ、母から、借りた費用も、

「半分はお祝いにあげるわ」といってもらいました。

長年〝これでもほんまの親子か……〟と思えるほど仲の悪かった私たち母娘が、今では親友のような間柄になりました。

わずか一年経《た》たない間に、すっかり私の運命は変わりました。眉間《みけん》にしわを寄せて、愚痴ばかり言って、主人が呼んでも子どもが呼んでも、暗い声で、「はあ」とか「へえー」とかしか応《こた》えなかった私が、「ハイ」と明るく返事ができるようになり、毎日が楽しくなりました。

主人も生長の家京都教化部*への送り迎えなども気持よくしてくれます。周《まわ》りの人たちから、「仲が良くて当てられる」などと言っていただきます。

森本さんがいつも、

「テレビの映る仕組みを知っている人も、何も知らない人も、スイッチを押せばテレビが映るように、テレビを見たかったら、スイッチを押すのが先」

と言われますが、深い教えも救われる原理も知らないで、ただ教えられたことだけを実行していて私は救われました。おそまきに過ぎましたが、一年経ってようやく、『生《せい》命《めい》の實相《じっそう》』（生長の家創始者・谷口雅春《たにぐちまさはる》著、全四十巻、日本教文社刊）やほかの聖典の勉強をさせていただいています。

一昨年暮れに、白鳩会*の支部長のお役も受けさせていただきました。ご縁にふれて一年あまり経った今、私が教えられた「ありがとうございます」の不思議な力を、友達にも教えてあげて、「人見さん、アレよう効くなあ」と喜ばれています。

（平成九年三月号　撮影／原　繁）

*母親教室＝生長の家の女性のための組織である生長の家白鳩会が主催する母親のための勉強会。お問い合わせは、最寄りの生長の家教化部まで。巻末の「生長の家教化部一覧」を参照。
*教化部＝生長の家の地方における布教、伝道の拠点。巻末の「生長の家教化部一覧」を参照。
*白鳩会＝生長の家の女性のための組織。

# 〝私の人生見つけた！〟

沖縄県那覇市　古堅恒子《ふるげんつねこ》（52歳）

## ピッタリの出会い

那覇市内、沖映通りに面して、カフェテラス〝木の器〟*を開いて六年になります。入り口を入った左手のカウンターでは、週二回、夕方、お勤め帰りの若い娘さんに、長女・泉がマミ・フラワーを教えています。カウンターの奥のガラスケースから、色とりどりのお花を取り出す度《たび》、店内は、ふくいくとした香りにつつまれます。二階では、主人が歯科医院を開業しており、患者さんの診療にあたっています。私は、すぐ近くの自宅から、日曜日を除く毎日、お店に通ってきて、従業員の方達に混って、夕方まで働きます。主婦業もありますので、とても忙しいのですが、心たのしく日々が過ごせます。

十年程前のこと、今では成人している五人の子供たちが、それぞれまだ、高校、中学、小学校へ通っていた頃です。環境的には恵まれ、幸せに暮らしていましたが、真面目《まじめ》で几帳面《きちょうめん》な主人は、家庭の中でとても厳しく、私はよく叱《しか》られ、私は私で、「勉強しなさい!!」と、子供たちを叱り、年がら年中、家中でどなり散らして暮らしている感じがありました。子供が「勉強しない」と大騒ぎして、叱り飛ばしていたある日、お友達が「近くの生長の家教化部というところへ行くと、あなたにピッタリの本が沢山《たくさん》あるわよ。それを読んで、もう少し、子供たちを伸び伸びさせて、放してあげるといいのよ」と声をかけてくれました。早速、教化部へ行って、『生命の實相』の頭注版25巻、26巻（教育実践篇）などを購入してきました。

当時は、まだお店は開いていませんでしたし、子供たちが学校へ出かけると、〝何しようかしら？〟〝何のために私はいるのかしら〟と、むなしい気持に襲われていた時でしたので、頁《ページ》を開いた時の感動は、言葉で言い表せないほどでした。

## 本当の生き方を見出す

〝人間は神の子である〟〝人間の内には無限の力が宿っている〟〝よい子を育てるには、

その内在する能力を認めて誉《ほ》めて、引き出すことである〟〝教育の根本は、夫婦調和にある〟〝明るい家庭を創《つく》る秘訣《ひけつ》は、夫を立て、父親が家庭の中心にいることである〟等々……その中に書かれていることに、驚かされました。

マイナスを見ないでプラスを見て、明るい創造的な人生を築く秘訣が説かれていました。今までの私の姿が見えてきました。私は主人に素直ではなかった……主人さえ私に、子供にやさしく接してくれれば、という気持がいつもあった……自分の心の中のモヤモヤが光で照らされ、消えてゆくようでした。

「私の人生、見つけた!!　私自身が神のいのちを顕《あら》わし、光り輝けばいいのだ!!」――生き方の核を見出した喜びでいっぱいになりました。そして、この先には何が書いてあるだろう、この先は……と惹《ひ》かれ、暇さえあれば、『生命の實相』の頁をめくりました。講話を聴きに、教化部にも度々、足を運びました。

## 「勉強しなさい」の言葉が…

心踊《おど》らせて真理を学んでいるうち、いつしか、子供たちにあれほど「勉強しなさい」

「女性が家庭にあって、太陽のように、あたたかく愛で育むとき、家庭は明るくイキイキと輝いてくれます」と古堅恒子さん

と言っていた言葉が消えていました。代りに、「勉強はよくやるし、どうしてこんなにいい子がいるんでしょう」と、誉《ほ》め言葉が私の口をついて出るようになりました。

父親に対しても、それまでは怖《こわ》がらせて育てていました。そろそろ主人が帰ってくるなと思ったら、部屋中に、いろんなものを散らかして遊んでいる子供たちに、「そら、お父さんが帰ってくる。片づけなきゃ叱られるわよ」と言って、大あわてで片づけさせたりして、叱られないように叱られないようにし向けていたものです。

それが、私の心の向き方が変わると、

「パパは、お仕事で疲れて帰ってくるのに、みなが家中散らかして汚いところに帰ってきたら、一層疲れが出るでしょう。綺麗にして、いい気持でパパを迎えましょうね」

「あなたたちが一所懸命《いっしょけんめい》勉強して、成績がよくなれば、パパが一番喜んでくれるのよ。だから、一人ずつ、パパが喜ぶものは何だろうと考えましょうね」

と、子供たちに教えることができるのです。このように語ると、却《かえ》って子供たちが感動するものです。黙っていても、勉強をするようになりました。父親を〝こわいもの〟として感じさせるのでなく、家族みんなで感謝して協力すべき〝大事な人〟――〝家庭の中心〟として立て、接しさせることが大切だったのです。

## 楽しみに待つ主人

主人は、始めのうちは、「また、こんな本を買って……」と言っておりました。「あなたのことを、父親として夫として当然のことをしているのであって、わざわざ〝ありがとう〟と言うこともないと思っていたけれど、これら（生長の家）の本を読んで、感謝しなければならないと気がついたのよ…」と話したりすると、〝ああ、なかなかいい教えだな〟と、少し気持を動かしたりしていました。けれども、私がいつも、言葉の語尾に、「……生長の家ではね」とつけるものですから、「そこは言うな」と言うのです。私が、〝すばらしい真理に出会えた〟と、半ば興奮気味で、本を読んだり講話を聴きに行ったりしていたものですから、家庭を放り出して走り出したら……などという心配が少しあったのかもしれません。

そこで、私の考えとして話をするように工夫してやっておりますうち、主人はだんだん講話を聴いて帰ってきた時の私の話を、〝今日はどうなのかな？〟と楽しみに待っているようになりました。

私はと言えば〝今日は、すごくいい話だったから、と言って主人にしゃべらなくちゃいけない。だから、ちゃんと聴いてこなくちゃ！〟と、勢い込んで出かけたものでした。

## 太陽のように

あれから十余年、子供たちは生長し、長男・克己は、大学をでて熊本の方に就職し、長女・泉はフラワー・デザイナーとして頑張っています。

次男の信は、長崎大学歯学部に入学することができ、学校の夏休みや冬休みには、率先して、お店を手伝ってくれます。次女・やよいは、南西航空に勤務、三男直は、大学受験をめざして勉強に励《はげ》んでいます。

今では主人も、生長の家のお話を聴きにゆくようになりました。

私は、夜の時間や、お店がお休みの日曜日には、できるだけ、子供たちの話を聞くようにしています。大きくなった子どもたちですが、それぞれに、その日にあった事などを聞かせてくれます。たのしい会話が飛び交うひと時です。

妻として母として、女性が家庭にあって、太陽のように、あたたかく家族をつつんで、愛で育《はぐく》むとき、家庭は明るくイキイキと輝いてくれるのです。

お店をやっていて、従業員の方がやめたりした時など、子供達が応援してくれました。始めは、経営だけをやっていましたが、今では、お店で出すお料理は何でもできるようになりました。忙しい毎日ですが、地方講師*として出講もさせていただいています。そんな時は、前日に、お店の準備をして、誰でもできるようにしていきますが、長女がとてもよく手伝ってくれます。家族の一人一人を、そして周《まわ》りの方一人一人を〝神の子〟として礼拝する時、どんな問題も消えてゆくのですね。

私は〝私の人生、見つけた！〟と感動したあの時の喜びを、御縁にふれる方々にお伝えして、わが家だけでなく、一つでも多くのご家庭に幸せの灯を点じていただきたいと願っております。

（平成元年十一月号　撮影／砂守かつみ）

＊カフェテラス〝木の器〟＝現在は閉店。
＊地方講師＝生長の家の教えを居住地で伝えるボランティアの講師。

# 求める心を捨て、笑顔の妻に変わって、明るいわが家に…

新潟県長岡市　布川真由美《ぬのかわまゆみ》（38歳）

## 愛に飢えていた

わが家は現在、主人と高校二年生の長男、小学校四年生の長女との四人家族です。新潟市に本店のある銀行の燕《つばめ》支店で働いていた私は、同じ職場にいた主人と知り合い、昭和五十三年、結婚しました。私が二十一歳、主人が二十五歳の時でした。私が若くして結婚したのは、私の生い立ちも少なからず影響していました。私が育った家庭は、あたたかいホッとする雰囲気とは無縁《むえん》の家庭でした。同居していた祖父母がきびしく、人の悪い面だけを見て、それをとがめて家族に接していましたので、にぎやかに家族の会話がはずむはずの食事時も、冷たい雰囲気が漂《ただよ》うのでした。両親は、こんなきびしい祖父母にばかり気を使い、私と二人の弟に注意を振り向ける余裕がありませんでした。祖父母に悪いところばかりをあげつらわれ、家業に追われる両親には、抱っこさえしてもらったことのなかった私は、淋《さび》しい思いをしながら育ちました。私自身が親になってはじめて、両親が心の中では私たち子どもを愛してくれていたことがわかりましたが、当時は、親の子を思う気持などわかるはずもなく、私は愛に飢《う》えていたのです。

学業を終えると、就職しましたが、会社でも人間関係で悩みました。会社に行っては泣き、さりとて家には帰りたくない……そんな時、主人を好きになり一緒になったわけですが、家から早く出たい、会社からも早く出たい、それには結婚、という、どこか現実逃避《とうひ》めいた気持もありました。

## 夫婦の会話もなく、育児ノイローゼ…

家庭の愛に満たされないできた上、つきつめてものごとを考える性格《たち》だった私は、理想の夫婦像、理想の家庭像といったものを強く心に描き、こうあるべきだという考えを、常にもっておりました。何でも話し合え、相談できる夫婦、楽しい会話のある明るくキチンとした家庭――。ところが、主人は営業マンとしては満点でしたが、家庭に帰ると別人のようになり、一言も口をきかないのでした。

結婚した時、主人は新潟市の本店に転勤になり、まもなく長男が生まれました。長男は生後半年位たった頃から体の具合が悪くなり、四十何度もの高熱が出て、それが一ヵ月も続き、極度の脱水症状のような状態で、長岡の日赤病院に入院したりしました。それを皮切りに、ずっと病院通いが続くようになりました。

近くに知り合いもなく、主人は仕事上のお付き合いで、毎晩々々、午前様。家にいる時も、私の話に全《まった》く耳を傾けてくれません。この先どうなるかわからないような病弱な子どもを抱え、独《ひと》りでどうしてよいかわからない。私は、一種の育児ノイローゼのような状態になってしまいました。〝この子は、どうしてこんなに私に心配させるのか〟と思うと、可愛さは憎しみに変わっていき、ある時など、今から思うとゾッとするようなことをしてしまいました。まだ赤ちゃんだった長男を、ボカーンと足で蹴《け》ったのです。長男の体は飛ばされて、敷居や柱の角にぶつかって、顔色が、チアノーゼのように紫色に変わってしまいました。私は瞬間、〝ああ、しまった、やってしまった。刑務所行きだ！〟と思いましたが、幸いにも息を吹き返し、何事もなくすんだのですが……

その後も転勤がたびたびあり、子どもは相変わらず病弱で、転勤する先々で通院、入

求める心を捨て、笑顔の妻に変わって、明るいわが家に…

今では、笑顔と笑声が絶えない布川真由美さんとご主人の誠さん

院生活を繰《く》り返しました。病院と縁のきれない日々でした。その間私は、二度も車に追突されムチ打ち症で長期入院、子どもは実家へ……家族バラバラの生活を強《し》いられたりしました。長い間、事故の後遺症でも苦しみました。

〝この人は、家庭や家族のことには全く無関心で冷たい人なんだ〟

母子家庭のような生活がつづくなかで、私は主人のことをそう決めつけ、先々の不安と病への恐怖、孤独感から胸が張り裂《さ》けそうでした。外出しても、暗い顔つきで下を向いて歩きました。会話も全然なく、心の通じあえない寂《さび》しさから、その後十数年間というもの、何度となく主人に、「私がこれだけ苦しんでいるのに、どうして私の気持をわかってくれないの？」と、涙を流して必死に訴えてきました。が、主人は応《こた》えてくれず、よくなるどころか、状態は益々《ますます》悪くなるばかりでした。主人に対する不平不満で私の心は常にイラ立ち、ケンカになり、そのストレスをいつも子どもにぶつけて、ヒステリックにどなり散らしました。爆発すると、子どもを殴《なぐ》ったり蹴ったり、ひどく虐待《ぎゃくたい》したりもしました。それはもう悲惨《ひさん》で、気がついた時には、家庭崩壊《ほうかい》寸前でした。

## 愛の太陽に！

そんなとき、生長の家の教えにふれていた実家の母にすすめられ、谷口雅春先生の『女は愛の太陽だ』(日本教文社刊)という御本を読みました。そして感動しました。

『……あなたの家庭が淋しいと感じられ、良人《おっと》が冷たいと感じられ、やるせない寂寥感《せきりょうかん》に悩まされる時があるならば、その冷たい良人を恨んだり、責めたりする感情を先ず棄《す》てることが肝腎《かんじん》であるのである。良人の現象的状態は妻の心の影であることを悟《さと》らなければならないのである。良人が冷たいのは、あなた自身が良人に対して冷たいのが映《うつ》っているのである。しかしあなたは「いいえ、私は良人を熱愛しているのです。良人の愛をこんなにも求めているのです。それなのに良人が冷たいのです」と仰言《おっしゃ》りたいのでしよう。あなた自身の言葉が証明しているように、あなたは良人の愛をそんなにも求めているのです。しかし〝求めている〟ということは「愛を与えている」ことではないのである。「良人から愛を奪《うば》いとろう」としているのです。それは自己愛であり、良人への愛ではないのです。自分ばかりを愛していて、自分を愛するために、良人から愛を奪おうとしているのです。だからあなたは本当は自分自身に対しては熱く、良人に対しては冷たいのです。その心が良人に反映して良人が冷たくあらわれるのです。……愛は、惜《お》しみなく与え、報《むく》いを求めずに愛するのが本当の愛なのである。……』（122～123頁）

まるで、私のことが書かれているようでした。女性の本質は〝愛そのもの〟で、惜しみなく、光を、愛を与えてやまない太陽のように、妻として母として、愛して、愛して、尚《なお》も愛することのできる愛があってはじめて、夫婦関係が円満に、家庭生活が平穏《へいおん》になる、とありました。

〝私も、光を、愛を与えてやまない太陽になりたい！〟と思いました。が、急には変われません。その頃、いま住んでいる青葉台に家を建てることになり、これを機に、「よし、新しい家とともに生まれ変わろう！　私は家庭の太陽になるんだ！」と決意しました。

## 笑顔のレッスン

それからは毎日、鏡を見ながら笑顔の練習をしました。長年サビついて、カチカチに固《かた》まった顔の筋肉をほぐすのは大変でした。笑顔を持続させるというのは、こんなにも疲れることかと思いました。でも、あきらめないで頑張りました。家事をしながら、生長の家の〝人間は神の子、実相（神が創《つく》られたままの本当の相《すがた》）は完全円満〟の真理が語られている講話のテープを聴き、必死になっていろいろな聖典を読みました。『自分の心が変われば、すべてが変わる』『与えれば、与え返される』――数々の真理の言葉にふれて、相手を変えるのでなく、〝自分を変えてみよう〟と、一つ一つ実行していきました。

主人と子どもが出かける時には笑顔で送り出し、帰宅した時は笑顔で迎えました。相手がいま何を思い、どうしてほしいかを第一に考えるよう努めました。そして、相手の立場に立って、気分が明るく軽くなるような言葉をかけました。主人も子どもも次第に心を開いてきました。その変化が何よりもうれしく、私は益々励みました。やがて、ただ明るく愛を与えることだけに喜びを見出せるようになったとき、主人とはそれまでのことがウソのように、何でも語り合える夫婦になれました。子どもも健康になり、長男は、いまでは私のよきアドバイザーです。私の願っていた明るく大調和した家庭が、実現したのです。

いま思いますに、主人は人と接する仕事柄、疲れて帰ってきて、家ではゆっくりしていたかったのです。性格がおおらかで、細かいことにこだわらず、家族に対する愛情表現も、「元気だな」とポンと肩をたたく感じの自然体の人だったのです。そのままで家族を愛してくれていたのです。それを、自分の考える愛がほしくて、主人のありのままの姿を受け入れず、こうしてほしい、ああしてほしい、なぜなの、なぜなの、と、どんどん深くつきつめていく私に、主人は話す気も起こらず、貝のように心を閉ざしてしまったのでしょう。

自分の思いが先に立ち、相手の本当の気持が見えていなかったのです。心の眼《め》が開き、笑顔で愛を実践するうち、つかんでいたものから解《と》き放たれて、主人も私も自由な自分を取り戻《もど》せたのです。そして、〝神の子〟の本来のすばらしい姿が現れたのでした。

「私は家庭の太陽だ！」――いつもニコニコ明るく、心穏《おだ》やかに生きられます。幸せへの道は、「生長の家の真理を生活の中に生かすこと」だと確信し、一人でも多くの方にお伝えするために、日々邁進《まいしん》いたします。

（平成七年七月号　撮影／原　繁）

# 自分の心が変わったとき幸せになりました

岐阜県関市　鈴木鈴子《すずきすずこ》（49歳）

## まさかの事故

私の実家は農業と木材を扱う仕事をしておりました。母がいつも「手に職があるといいよ」と言っていましたので、私は理容師の道に進みました。二十三歳のとき、主人と見合をしました。相手の家も理髪業をしていました。義父母と私たち二人で協力し合って働いてますます店を繁盛させて幸せになろう、と希望に燃えて結婚しました。昭和四十七年のことです。

結婚後二週間ほど経った頃、店の近くに借りた私達の新居の洗濯機置き場に屋根がなかったので、ひさしをつけてもらうよう主人が義父に頼みました。快《こころよ》く引き受けてくれた義父は、早速、梯子《はしご》に上って作業を始めました。ところが、足を踏みはずしたのか、梯子から仰向《あおむ》けの状態で落ちそのまま動かなくなったのです。主人から聞いた話では、救急車がきたときにはもう息はなかったそうです。

五十代半ばの若い義父は、こうしてあっけなくこの世を去りました。

一番辛《つら》かったのは私たち夫婦でした。〝どうしてお義父《とう》さんに頼んだりしたのだろう〟と悔《く》いが残りました。無理もないことですが、それからというもの義母は事あるごとに、「お義父さんを殺したのはお前たちだ」と罵《ののし》るようになりました。義母にしてみれば、やり場のない腹立ちを私たちにぶつけるより仕方がなかったのだと思います。義母の気持はわかっていても、義母のあまりの態度、言葉は理不尽《りふじん》で、家の中は言い争いが絶えなくなりました。

主人も私も新婚の楽しさなど一日もなく、一年半ほどして、親族会議の結果、私たちが店を出ることになりました。生まれて七ヵ月の長男を連れ、追われるように一宮市の婚家を出て、岐阜市へ移り住みました。

## 「男と女は対等だ」

新しい土地で丸々借金して店を始めました。蓄《たくわ》えもなく、しばらくは生活費も借金で

「生長の家で、夫婦調和と幸せな家庭生活を送る秘訣を教えていただきました」と鈴木鈴子さん

賄《まかな》わねばなりませんでした。ベビーカーに寝かせた赤ん坊を側において私も店に立ち必死で働きました。主人は理髪の仕事が終わると、夜は午前二時、三時頃まで新聞の発送の仕事に出かけました。次の年、次男が生まれましたが、私は産院を退院した翌日から店に出ました。夫婦で昼も夜も働いても生活は苦しく、お金のことで夫婦喧嘩が絶えなくなりました。

そんな頃、生長の家の信徒だった私たち夫婦の仲人さんが『白鳩』誌を持ってきて下さいました。ちょこちょこっと読んで〝よいことが書いてあるなあ〟と思いましたが、真剣に行《ぎょう》じるところまではいきませんでした。

長男に嫁《とつ》ぐのは主人の両親と暮らすこと、と決意のうえで結婚しながら、それから逃げ出したことがいつも心に引っかかっていた私でした。生活も一向によくならない……。

〝私のどこかが間違っているのかも知れない〟

そう思い始めたとき、仲人さんが、近くに住む生長の家の地方講師を紹介して下さり、それを機に、生長の家に入信しました。早速、家族全員が聖使命会*に入会し、誌友会(生長の家の教えを学ぶ場)にも出席するようになりました。小さな仏壇を買って義父の供養もさせていただくようになりました。

「人間・神の子、実相は完全円満」の真理にふれ、聖典や月刊誌を読み重ねお話を聴かせていただくうちに、主人に対して〝私だって仕事をしている。養ってもらっているわけではない。対等だ〟と思っていたのが間違いだったと気がつきました。

生長の家では、夫と妻は魂的には平等に尊くとも、それぞれ役割が異なり、たとえて言えば、夫は針で、妻は糸。糸である妻は針である夫を一家の中心に据《す》えて「ハイ」と素直に従い、夫の理念を家庭の中で展開させていくのが役割である、と教えられております。ここに夫婦調和と幸せな家庭生活を送る秘訣があったのです。

私はそれまでの傲慢《ごうまん》で、自分中心の勝手な振舞いを懺悔《ざんげ》し、主人を立て、主人の立場に立って物事を考えるような生活を始めました。

まもなく、思いがけずもある会社との契約が整い、その会社の社員の整髪をすべて請け負うことになりました。お客は増え、収入は増し、やがて借金は全《すべ》て返済することができたのです。そして昭和五十五年には、現在のところに土地を買って家を建て、自分の店を持つことができました。マイナスからの出発をして、六年目のことでした。

## 失明の危機

店を持ってからは、生活も安定してきました。主人の真面目《まじめ》な努力が実ったことは勿論《もちろん》ですが、私が生長の家の教えに導かれ、教えに添った生活を日々行じるようになれたのが、我が家にとって、とても大きなことでした。

長男が小学三年生の夏休みのことです。友達と近くの池で石投げをして遊んでいたとき、相手の投げた石が長男の眼を直撃《ちょくげき》したのです。眼を真っ赤に充血させて帰ってきた長男は、「痛い、痛い」と訴えました。近くの眼科で診《み》てもらいましたがハッキリしたことを言ってもらえず、名古屋の有名な眼科に行きました。検査の結果、「瞳孔《どうこう》が開いてしまっている。見えなくなる可能性は高い。お母さん、これは運命だと思って諦《あきら》めて下さい」と。

〝神の子が失明するなんて絶対ない、我が家にそんな不幸が起こるわけはない〟

私は、医師の言葉を聞いても不思議に動揺しませんでした。「三週間後に検査にくるように」と言われましたので、三週間、私は心安らかに日を送り、仏前で『甘露《かんろ》の法雨《ほうう》』

（生長の家のお経の一つ）を誦《あ》げ、講師に教えられた通りに先祖供養を続けました。

三週間が経ち検査を受けに行きました。すると医師が「お母さん、これは奇跡ですよ。運がよかったねえ」と驚かれるくらいに完全に治っていたのです。長男はそれっきり視力も落ちず、後遺症もなく現在に至っております。

## 「うちの嫁は日本一！」

生長の家の教えを学ぶにつれ、私の心も変わっていきましたが、主人の母を恨《うら》む気持は容易に消えませんでした。

十六年間にもおよぶ私たちの親不孝が義母の病気の原因にもなっていたのでしょう、私たちが家を出てから義母は体調を崩《くず》し、入退院を繰り返していました。ガンが骨の周《まわ》りに転移して、背骨はボロボロ、骨盤は半分なくなった状態で、人工の骨を埋め込む手術をするとの報《しら》せを受けたのは、平成に入ってからのことでした。

名古屋の国立病院に入院した義母の付き添いをしたいと思いましたが、長年の義母に対する不調和な思いが身体に現れたのか、私も座骨神経痛の持病に苦しんでいました。

理髪の仕事をしていても、一時間も立っていると、腰から脚にかけて激痛が走り、脂汗がにじむのです。お客さまの頭を仕上げると、部屋に入って横にならなければいられないような辛《つら》さを味わっておりました。鍼《はり》、マッサージ、病院と、いろいろ治療を試みましたが、どれもはかばかしい効果は得られなかったのです。

そんなわけで、私自身が痛み止めの注射を打ってもらいながら、病院に泊まり込んで義母の看病をきょうだいと交代でする生活が始まりました。

ある日、近所の人に、義母の私に対するひどい仕打ちの数々を話し、それでもこのように病院で世話をしているのだと話していたとき、フト自分の心に気がついたのです。

〝私がいまこうして義母の世話をしているのは、生長の家で親孝行を教えられているからであって、建て前からなのだ〟

さらに心の中を覗《のぞ》いてみると、〝あなたが追い出した嫁が、あなたの下《しも》の世話までしてやっているんだ〟という我《が》の思いがありました。〝与えきりの愛〟ではなかったのです。

〝ああ、申し訳なかった。お義母《かあ》さん、ごめんなさい〟。初めて義母に心の中で懺悔《ざんげ》しました。それからというもの義母への思いが変わり、真心からの看病をさせてもらいました。こちらの心が変わると相手にも通じ、義母は同室の方に、「うちの嫁は日本一の嫁さんだ」と言っていたそうです。

私の中で、長い間くすぶり続けていた義母への恨みがましい気持は消えました。気がつくと、私の座骨神経痛も消えていました。義母は平成二年、亡くなりましたが、今世《こんせい》で義母と和解できたことは、私にとって何よりも嬉《うれ》しいことです。長男、次男とも成人し、家業を継いでくれるという長男は、現在、東京で理容師としての修業中。次男はサラリーマンとして仕事に励んでいます。

自分の運命を呪《のろ》い、自分が幸せになれないのは、他人のせいと思っていたのが間違いであったと気づいた私は、いま運命の主人公として生き生きと心満たされた日々を送っております。

（平成十一年一月号　撮影／廣中雅昭）

＊聖使命会＝生長の家の運動に賛同して、月々一定額の献資をする「生長の家聖使命会」のこと。

# 肩ひじ張らずに素直になって心がラクに…。愉快で快活、「太陽のような女性」が目標です

埼玉県富士見市　瀧《たき》くに子《こ》（39歳）

## 人のお役に立ちたい…婦人警官に

私が学んだ高校の先輩には、警察官になる人が多く、私も人のために役立つ仕事がしたいと思っていましたので、先輩から誘われた時、迷わず決意しました。昭和五十年三月、高校を卒業すると、故郷の鹿児島から上京。警視庁婦人警察官として新しい人生のスタートを切りました。

人のために役立ちたいという性格は、今は亡き父ゆずりだったと思います。父は農業をしていましたが、そのかたわら町会議員を三期務《つと》めました。正義感が強く、不合理と思えるようなことには、他人のことでも率先して立ち向かう性格で、家のことよりも人の面倒《めんどう》をよく見ていました。でも、父は父なりに悩みもあったようで、家でお酒を飲ん

だ時には母につらく当たることもありました。それでも父を尊敬していた母は何ひとつ愚痴《ぐち》をこぼさず、父に尽くしていました。まるで女性の鑑《かがみ》のようでしたが、私はそういう母がかわいそうでもあり、自立できていないようにも思えて、心の中で、〝男女は平等ではないか〟と、批判的な気持になることもありました。

職場の先輩の紹介で知り合った主人と五年間交際し、昭和五十五年六月、結婚をしました。主人は真面目を絵に描いたような人で、職場では上司や同僚からも信頼されていました。主人は口数は少ない方ですが、お互いにその日あったことや、感じたことは話し合うようにしました。時には口論になることもありましたが、感情が昂《たか》ぶってくると、自分の意見を強引に主張してゆずらないのは私の方でした。私は、こうでなければならない、と、物事を枠《わく》にはめて考える融通《ゆうずう》がきかない性格でした。でも、主人は終始おだやかで、口論が後に尾を引くようなことはありませんでした。

結婚して二年目に長男・隼人《はやと》が誕生しましたが、私は隼人を保育園に預けて共働きを続けました。昭和五十八年六月、都内から富士見市に越してからは、通勤時間がかかるので（主人一時間四十分、私一時間三十分）、朝晩二重保育をお願いしていました。「仕事は自分が頑張れば続けられる。夫婦が理解し合っていれば続けられる。子どもも生長したらきっとわかってくれる」という信念で働いていました。

ところが、隼人が五歳の時でした。俗に言うプール熱が出て、入院してしまったのです。その病院は完全看護だったので、私は午後八時には病室を後《あと》にしなければなりませんでした。一日目より二日目、二日目よりも三日目と、隼人は別れを渋《しぶ》るようになり、ついに、「お母さん、お仕事やめてよ。ぼく、もう我慢できないよ！」と、目に涙をいっぱいためて、私に訴えたのです。「みんなは保育所にお母さんが迎えに来るのに、ぼくは最後までいて、いつも先生のお家でお母さんの帰りを一人で待っているんだよ。もう我慢できないよ！」。その言葉を聞いた時、「これは、五歳の子どもが言っているのではない。神様が言わせて下さっているんだ」と心から思い、「今まで寂しい思いをさせてごめんね」と、強く隼人を抱きしめました。そして、私は退職を決意しました。

昭和六十二年九月、十三年間勤めた仕事に別れを告げて、専業主婦になりました。心のどこかに仕事に対して未練はありましたが、決めたからにはもう後を振り向かないことにしました。「十三年間お前はよく頑張ったね。ご苦労さんだった。これからは家に

「讃嘆日記をつけて、主人に素直に『ハイ』と返事ができるようになりました」と瀧くに子さん。実母の新富ノブさん、長男・隼人君とともに

いてくれて僕も嬉しいよ」と、主人がねぎらいの言葉をかけてくれました。万感《ばんかん》胸に迫るものがあり、私は声をあげて泣きました。

## 男女平等なのに…

専業主婦になってからの私は、ＰＴＡ活動や友人と料理の勉強会を開いたりして、毎日が充実していました。人の役に立ちたいという性格は変わらず、市の広報紙が、盲人のために朗読テープを吹き込むボランティアを募集しているのを知ると、すぐ申し込んでお手伝いをしたり、息子の小学校で、ブラジル、ミクロネシアからの帰国子女に日本語を教える先生のお手伝いなどもしました。

そんな私が生長の家にふれることになったのは、平成二年五月のことでした。在職中は、隼人の面倒をみていただいたこともある宮本康子さんが訪ねてきて、「今度、コミュニティーセンターで母親教室がありますから、ぜひ聞きにいらっしゃいませんか」と誘ってくださったのです。でも、その時の私は一瞬、身構《みがま》えてしまい、「それは宗教ですか？　私は訳《わけ》のわからない話は聞きたくありません。それに、その日は予定が入っていますから…」と、にべもなく断《ことわ》ってしまいました。深切《しんせつ》に誘って下さった宮本さんには失礼な態度をとってしまいましたが、宗教に対しては不安が先立ち、拒否反応がモロに出てしまったのです。

けれども、私の心の底には道を求める気持もあったのです。書店で仏教の本を求めて読んだこともありました。宮本さんが帰り際にそっと置いて行った『白鳩』誌が気になって、何気なく読み始めました。すると、どの頁にも心のぬくもりのある記事があふれていて、読み切ってしまいました。

母親教室の当日が来ました。出かける寸前まで迷っていましたが、私の足は予定の会合ではなく、母親教室の会場へ向っていたのです。私の心の羅針盤《らしんばん》が自然にその方向をとってしまったのでしょう。教室の扉を開けた瞬間、宮本康子さんは驚きの表情を隠《かく》しきれない様子で硬直して立っておられました。〝まさか！　来るはずのない人が来た！〟。信じられない気持だったと思います。その後すぐ表情をくずして、「まあ、うれしい！よく来て下さったわ！」と、喜びを全身で表現して迎えてくれました。

でもその後、何回となくお世話係の宮本さんを困惑《こんわく》させてしまうことになるのです。

母親教室で、心の安らぎを期待していたのに、講師の話には反発の連続でした。なぜなら、生長の家では、「夫にハイ」と教えて下さいますが、教えを知らない私には納得《なっとく》がゆかず、講話の後の質問の時間に、講師をまるで詰問《きつもん》するように、「講師《せんせい》はさきほど、〝夫にハイ〟とおっしゃいましたが、男女平等の時代に、なぜ男の人の言いなりにならなければいけないのでしょう」と、語気鋭《するど》く迫ったこともありました。また、「今の若い人は、子どもを他人に預《あず》けてまで仕事をする…」と言われると、まるで私のことを指摘されたようで、〝子どものいる人は働いてはいけないの？　私は子どもを預けて働いたけれども、愛情だけは誰にも負けないという思いで育ててきたのに…〟と悔《くや》しさが込み上げてくるのでした。

宮本さんの立場を考える余裕《よゆう》もありませんでした。なごんでおだやかだった会場がシラケ、冷たい空気が漂《ただよ》ったこともありました。

それでも、講師は私を慈《いつく》しむかのように優しく受け止めて、「確かに男女は平等です。でも、お互いに権利を主張して生きても、索漠《さくばく》として味気ないではありませんか。愛情を感じた人には自然に仕《つか》えたくなるもので、それが女性の本来の姿です。夫に素直に

〝ハイ〟と言うことは、女性が男性より劣《おと》っていることではありません。むしろ男性にはない秀《すぐ》れた美しさでしょ」というふうに言われました。

急には納得できませんから、私の顔は曇《くも》ったままの状態でした。すると講師は、「家に帰ったら讃嘆《さんたん》日記を書いて下さい。ご主人のこと、お子さんのことを大いに讃嘆して下さい」と勧《すす》めて下さいました。

今まで、主人に対して「ハイ」という返事を拒絶してきたわけではありませんが、共働きだから主人とは対等だ、という意識が心のどこかにあったことは事実です。また、主人がとても優しく、私をねぎらい、いたわってくれるものですから、それに甘えて、これが普通だと、何の疑念ももっていなかったのです。

それでも、何回も参加しているうちに、講師の方々のお話を、乾《かわ》いた砂が水を吸い込むように、素直に聞くことができるようになりました。家で、生長の家愛唱歌「わが子よありがとう」を歌い、讃嘆日記をつけました。

ノートに主人の讃嘆を書き出すと、次々に主人のよいところが見えてきました。まず、①あなたは優しい人②あなたは勤勉③あなたは深切な人④あなたは健康に恵まれている

⑤あなたはスポーツマン⑥あなたは歌が上手⑦あなたは書と絵が上手⑧あなたはギターが上手です、と讃嘆していると、〝ああ、私はこんな素晴らしい主人と結婚できて、幸福だなあ…〟という実感が湧《わ》いてきました。毎日、毎日、それを繰り返して実行していますと、実感が感謝に変わってくるのでした。そして、主人に素直に「ハイ」と返事ができるようになっていきました。

生長の家創始者・谷口雅春先生は、『新版　女性の幸福365章』の中で、

『女性が男性と同等になろうとして、女性的なものを拒《こば》むのは、本来の天分を否定して、「女性でない女性」――そして男性類似品になろうとすることである』

とご指導下さっています。また、

『女らしさ、柔らかさ、しなやかさ、愛情の深さなどというものが、男らしさ、剛《つよ》さ、固さ、知的な深さというような諸徳にくらべて劣《おと》っているというわけは全然ないのである』とも。(247頁)

私は、愉快で快活な太陽のように喜びの表情をまいて歩く女性になろうと決めました。

「おい、新聞取ってくれ」と主人から頼まれると、素直に「ハイ」。主人は「気持がいい

なあ」と。私が喜んで主人や隼人に接すると、主人や隼人も嬉しそうな顔を見せてくれます。「お母さんは家庭の太陽」という教えは本当でした。お蔭様で、月一回の母親教室の日が楽しみで仕方がない私に変わっていきました。

## この喜びを多くの人に

生長の家と出合ってから二年が過ぎた頃から、〝自分だけが幸せを享受してはいけない。より多くの人に生長の家を伝えよう〟との気持が日増しに大きくなりました。思い切って生長の家聖使命会に入会の手続きを取り、白鳩会員にもならせていただきました。

平成五年の春から、全室南向きの新居を提供させていただいて、念願の母親教室を開くことができるようになりました。最初は、果たして何人の人が来て下さるだろうかと不安で、子どもの同級生のお母さんや、親しくしている近所の奥さん、ママさんバレーボールの仲間などにご案内を出しましたら、十人の参加者がありました。

私が生長の家にふれてからわかったのですが、主人の父（故人）は、生長の家の地方講師だったことを主人から聞きました。不思議な運命の糸で結ばれて導かれていたのだと思います。主人の母も、私の父もすでに天国へ旅立っていますが、私の母は鹿児島でひとりで暮らしていました。

一昨年のことでした。主人が、「お義母《かあ》さんをこちらに呼んであげて、一緒に暮らそう」と言ってくれたのです。主人の思いやりのある優しさに、私は目頭《めがしら》が熱くなり、思わず、「ありがとうございます」と心の中で合掌していました。一緒に住むようになった母に、主人はいつもやさしい言葉をかけてくれます。母も主人のことを「いい人だ、思いやりがあって」と、まるで念仏を唱《とな》えるように言い続けております。

そんな主人に甘えるわけではありませんが、生長の家講習会*の時は少しでも大勢の人をお誘いしようと、家を留守にします。生長の家白鳩会埼玉教区の聖歌隊に入隊したり、生長の家青少年練成会（合宿して生長の家の教えを学び、実践する会）のお手伝いをさせていただく時も、主人や隼人は、「行ってらっしゃい」と、まるで声援《せいえん》するようにあたたかく見守って送り出してくれます。「お母さんはわが家の太陽」だと認めてくれているからだと思います。「僕の側《そば》にいてほしい」と言った隼人も中学三年生になりました。母は、いつも元気で家事を手伝ってくれるので、とても助かります。朝は主人を私の運転する車で駅まで送ります。「行ってらっしゃい。今日もがんばって下さい」。私がかける声に、主人は目を細めて、「ウン」とうなずいて手を振ってくれます。

（平成八年八月号　撮影／原　繁）

＊講習会＝生長の家総裁、副総裁が直接指導する生長の家講習会。現在は、谷口雅宣副総裁、谷口純子生長の家白鳩会副総裁が直接指導に当たっている。

# 私が変わり、感謝の心になって、明るい生活が…

大阪府東大阪市　新田芳美《にったよしみ》（46歳）

## 結婚

昭和四十七年、私は、当時まだ数少なかった男性美容師の主人と出会いました。堅《かた》い仕事をしていた私の家では、「そんな水商売の人に娘はやれない」と、私達の結婚に強硬に反対しました。主人は、何とか自分達の結婚を認めてもらいたいと、それまで修業のため、いろいろな店を転々としていたのをやめ、一大決心をして、現在のところに自分の店を持ちました。そんな主人の熱意に、私の親もやっと許してくれ、私達は結婚できました。

結婚後しばらくは、私は会社勤めを続けていましたが、休日が主人と合わない上、家事をやりながら勤めを続けるのは無理とわかり、会社を辞《や》めました。そして、もともと好きだった美容の技術を身につけて主人を助けたいと思い、美容学校に通っている頃、長男を妊娠しました。長男を産んで後、次々と次男、長女、次女の三人の子どもを授《さず》かり、出産、育児をつづけながら美容の技術も覚えていきました。

主人は仕事熱心で腕もよく、固定客もついて支店も持てるくらい頑張ってくれていました。私達の家の向いには、主人の母と妹が住んでおりました。姑《はは》は、何かにつけて私と主人の妹を比較して妹のことを自慢してほめるので、私はおもしろくなく、姑のことをどうしても好きになれずにおりました。

よく気がつく姑は、細かいことにもいちいち口を出し、言いつけられたことはすぐにしないと機嫌《きげん》がわるくなるのです。私の行動すべてを見張られているように感じて、〝どこかに逃げ出したい!!〟と思ったことも度々《たびたび》でした。

そんなとき思い出すのは、やさしい実家の母のことでした。〝お母さんやよそのお年寄りには深切《しんせつ》にできるのに、どうしてお姑さんにだけは、やさしくなれないのか?〟。私は、矛盾を抱《かか》えて苦しんでいました。

## 家庭崩壊寸前まで

結婚三年目、私はある修養団体に入会しました。その後十四年間実践につとめ、内十年間は、早朝に起きて朝の集りに出席することから一日が始まる生活を日課にしていました。「男は外へ出て働き、女は外に向っては無償《むしょう》の働きをしなくてはならない」と教えられるので、美容の仕事をすることもいけないような気がして、気がとがめ、すきをみては、その修養団体の本をすすめて戸別訪問に歩きました。

子どもを連れて歩いたこともありました。だんだんと役ももらって、集会に出かけることも多くなってきました。主人はそれを大変嫌《きら》っていました。ある時などはいつものように私が外出していて帰ってみると、定休日でもないのに店は閉《しま》っています。〝おかしい？〟と思っていると、教えの用事で出かけた私に腹を立てた主人が、店を閉めて競馬か競艇かに行っていたのです。

主人は、私と結婚する前から好きで少しはやっていた賭《か》けごとに、ひんぱんに出かけるようになりました。はじめは仕事の息抜きだろうくらいに思っていたのが、だんだん

私が変わり、感謝の心になって、明るい生活が…

ご主人の良躬さんと仲良く並ぶ新田芳美さん

店の売り上げをつぎ込むだけでは足りず、とうとうサラ金にまで手を出し、私が気がついたときには、その額は驚くほどかさんでいました。

預金も保険も全部解約して借金返済に当てましたが、それでも全然足らず、主人の妹に泣きつき、私の兄弟に助けてもらって、やっと高利のところは方《かた》がつきました。〝これでは、この先も余裕のある暮らしなどのぞめない〟と思うと、暗い気持になっていくのでした。

それからというもの、いちいち主人の行動に目を光らせ、〝私が油断すると、また何をするかわからない〟と不信の目で見、文句を言いましたので、夫婦間もおかしくなり、店も思わしくなくなってきました。〝こんなことをしていると、家庭崩壊《ほうかい》か〟と不安を感じはじめてはいても、どうすればいいのかわかりませんでした。修養団体の方も、だんだんと足が遠のいてきていました。

## 入信

修養団体で一緒に実践していた藤江輝子さんという友達が、二年位前から生長の家に入信されていて、最近では見ちがえるほど明るくなられ、『白鳩』誌や他の本を毎月持ってきてくださっていました。

でも、私はなかなか読む気にならず、それでも、「どんな本も大切にしなければならない」と教えられていましたので、捨てることはできず溜《た》めて持っていました。お店にこられる藤江さんの話してくださる言葉は、無理なくスーッと私の心に入ってきていました。

平成五年秋、気持が落ちこんでどうしても立ち直れなかったある日、〝『白鳩』を読んでみようかなー〟という気持になり、一冊とり出して読んでみました。

読みはじめるや、その内容に魅《ひ》きつけられて、次から次へと読んでいきました。そこには、今まで聞いたことのなかった「人間・神の子」という言葉が、ありました。〝人間すべて神の子さん、私も神の子さん〟……私は今まで、物事にこだわる自分の性格が嫌《いや》で嫌でたまらず、自己嫌悪《けんお》に陥《おちい》っていました。それが、この〝神の子〟という言葉に出合ったとき、救われたような気がしました。心の中がみるみる明るくうれしくなってくるのが、自分でわかりました。二、三日は家の用事をしたくないくらい、熱中して読みふけりました。

〝生長の家のお話を聴きたい〟と思い、藤江さんの所にいき、藤江さんに連れられて、松久増子講師（地元の白鳩会の幹部）のお話を聴きにいきました。

松久講師も、私が修養団体で勉強をする以前から、そこの班長をしておられ、昔からよく知っていました。以前は、松久講師に対して、厳しい人、恐《こわ》い人という印象があったのに、生長の家に入信されてしばらくぶりでお会いした松久講師は、すっかり雰囲気が変っておられ、明るい穏《おだ》やかな表情で私を包みこんでくださり、いろいろ生長の家のみ教えをわかりやすく話してくださいました。

「人間は神の子」「現象は心の影」、悪いことを想《おも》うと悪いことが現れる、よい言葉をつかい、明るいよい想いを持つと想いの通りのよい姿が現れる、潜在意識の運命に及ぼす力などについて、話してくださいました。

〝私は今まで心の中でずっと、主人があんなことをするから私は不幸だ、と主人のせいばかりにして、マイナスのことばかり思い続けてきてまちがっていたな〟と思えてきました。〝もっといろいろ教えてもらいたい!!〟と意欲が湧《わ》いてきて、十月八日に入信させていただきました。

大阪城ホールで開かれた大講習会にも参加しました。入口の所で合掌して迎えてくださったのにはびっくりし、涙がこぼれそうになりました。会場には大人も子どももまじっていて、〝あー、これが生長の家か〟と、何かしら温かいものに包まれた感じがしました。

十一月には、ベテランの講師に指導していただく機会を与えられました。今までのことをお話しすると、講師は、「あなたに感謝が足りなかったから、そんなことになったのです。今日からすべてのことに感謝をするのですよ」と話してくださいました。そして、

「六ヵ月間実行してごらんなさい。すべてよくなります。ご主人がギャンブルに走るのは、陰陽の法則の逆をやっていたからで、あなたが偉そうにしてご主人を見下《みくだ》していたから、ご主人はあなたに勝ちたいとの思いから、どうしても賭けごとがやめられなかったのです」

と言われました。私は〝そうかもしれない〟と思い当たりました。ただ、「感謝をし

なさい」と言われたことには、納得がいきませんでした。〝結婚して二十二年間、四人の子どもを産み育てて、その間、店と家庭と働き通しに働いて、買いたいものも買わず我《が》慢《まん》ばかりしてきた。感謝されても、何で私が感謝しなければならないの？〟という気持が頭をもたげました。

けれども、講師の言われた「六ヵ月実行してごらんなさい」の言葉が強く心に残り、〝六ヵ月経《た》ったら今の状態が変わるのだ〟と思うと、行く手に灯《あか》りが見えた気がして、翌日から近くの道場の早朝神想観《しんそうかん》（生長の家独得の座禅的瞑想法）に通うことを決意しました。

## 主人から指輪のプレゼント

朝早く起きることは、長い間訓練してきていたことなので苦《く》にはなりませんでした。神想観の最初に唱《とな》えられる「招神歌《かみよびうた》」を聞いたとき、〝何というすばらしい祝詞《のりと》だろう!!〟と思いました。「生きているのではなく、生かされている」ということが強く心に入ってきて、涙が流れて仕方がありませんでした。〝招神歌を聞くだけでもすごい。神想観を毎日続けよう〃と思いました。

しばらくの間は、神想観をしていると、〃ああもしてもらった〃〃こうもしてもらった〃と、私の父母、主人、姑によくしてもらったことばかりが浮かんできて、ありがたくてありがたくて、その間中ずっと感謝の涙が溢《あふ》れていました。あれだけ嫌いで仕方のなかった姑のことが、〃本当の姑の姿はちがっていたんやなー〃と、思えてきました。主人のよいところ、姑のよいところばかりが、だんだん浮き上がって見えてきて、〃私が悪かったなー〃と懺悔《ざんげ》の思いがわいてきました。

神想観を終えて帰ると、お仏壇のお供《そな》えを替《か》え、まだやすんでいる主人の枕元で合掌して、「あなた、ありがとうございます」と挨拶することが日課になりました。

二十歳の長男は、高校のお世話で大企業に就職していましたが、私が神想観に通いはじめて少し経った十二月、自分から辞めてしまいました。〃神想観に通ってよいことになるはずが……あれ？　あれ？……〃と思いましたが、「必ずよくなる」と自分に言いきかせ、神想観通いを続けていました。

二ヵ月経った頃、本人が一番やりたいと願っていた建築の仕事の話が舞い込み、現在、長男は見ちがえるほど元気に喜んで、毎朝六時には仕事に出かけています。

昨年十一月、私達の結婚記念日の少し前、主人が「近頃、お前の顔、輝いてピカピカしてるな」と言ってくれ、私も、「近頃、何やしらんうれしいねんよ」と答えました。

それから何日かして、店で使うものを買いに材料屋さんに行こうとしていると、めずらしく主人も一緒《いっしょ》に行くと言い出し、二人で出かけた帰り、いきなり宝石屋さんに入って行って、私に指輪を買ってくれました。結婚以来はじめてのことでしたし、一生そんなことはないと思っていましたので、そのうれしかったこと……。

ギャンブルのことも、近頃では私の心の引っかかりがとれて、〝しようがしまいが、主人のよいように…〟と思えてきました。先日、友達から誘いの電話があったとき、「今はやめどきやと思うから買わない」と断っているのをきいて、私は心の中で手を合わせました。

子どもに対しても、以前の私は、〝私が小言を言わないと、どんな子になるかわからない〟と思って、マイナス面ばかりあげつらって言っていましたが、今は、〝この子らは、神の子だから、まちがいない〟と、ラクな気持で見られるようになりました。姑に対しても、〝どうして喜ばせてあげようか〟という気持になっています。姑も、「お母さん、お母さん」と言って私を頼《たよ》りにしてくれ、もうお姑さんのいない生活など考えられません。

わが家は、すっかり明るく平和になりました。女性を美しくする美容の仕事も、今は楽しくて仕方がありません。お客様の中には、悩みをかかえて苦しんでいる方もあります。そんな方に、私が救われたよろこびをお伝えしながら、美容師を一生の仕事にしていきたいと思っております。

（平成七年三月号　撮影／中橋博文）

# 感謝して明るく生き方に変わって

岩手県宮古市　大上敦子《おおかみあつこ》（40歳）

## 病床で真理の言葉にふれて心が震えた

私は、今年、高校三年生になる長男と、高校一年生になる長女と、六歳の次女の三人の子どもの母親です。

平成二年四月二十四日、次女を出産した際、私は出血多量のため輸血を受け、C型肝炎に感染しました。出産からちょうど一ヵ月後、黄疸《おうだん》が出て急遽《きゅうきょ》入院したとき、感染がわかったのです。四ヵ月間、入院生活を送りましたが、完治しないまま退院しました。

それから一年四ヵ月後、平成四年二月に、インターフェロン治療を受けるため、再入院しました。そのとき、生長の家の講師である、大柏ちゑ子さんと同室になったのです。

ある日、講師が外泊されるとき、留守中に読むようにと、一冊の本を貸して下さいました。書名は憶《おぼ》えていませんが、生長の家の聖典だったと思います。その中に、親に感謝をしなければいけない、ということが書いてあり、私に欠けていたのは、まさにそのことでしたので、何か魅《ひ》かれるものを感じました。

講師は、外泊から帰ってこられると、『白鳩』誌と『光の泉』誌*を下さいました。それには、『人間・神の子、実相は完全円満。神様は、すべての人に、善きものだけを与えて下さっている』ということが書かれていました。

私は、この宮古市で、五人姉妹の三女に生まれました。すぐ上の姉は成績が良く、両親に、いつもその姉と比べられ、学期末に通信簿を持ち帰ると、「お前はできが悪い」と怒られてばかりいました。

二人の姉は仲が良く、私は、些細《ささい》なことでよくいじめられました。そのためか、〝自分はダメな人間だ〟と、劣等感の固まりのようになり、いつも他人の目を気にするようになってしまいました。そんな私ですから、真理の言葉にふれたときは、心が震《ふる》えました。

〝人間は神の子で素晴らしい存在なのだ。この真理を、なぜ子どもの頃に知らなかったのだろう。もし知っていたら、私は今まで、劣等感に苦しむことはなかった。劣等感をもっていたばかりに、判断を誤ったことが何度あっただろう。もう一度、子どもの頃にかえりたい。そして自信をもって、明るく生きてみたい〟。心からそう思いました。

## 「お母さんの顔を見たくない」

入院から一ヵ月後、インターフェロンの副作用が強く出たため、治療を断念し、退院しました。家に帰ると早速《さっそく》、生長の家白鳩会の向町支部長の佐々木静子さんから誌友会のお誘いを受け、参加しました。

「人間・神の子」の真理そのままに、両親に感謝しながら亡くなった白血病の女の子の実例を織り混ぜた、小倉昌人教化部長*の感動的な御講話と、相愛会会長*の物事を明るく受け取るユーモラスなお話を聞き、魂が導かれるままに入信しました。

その頃、長女は中学一年生で、反抗期の真最中《まっさいちゅう》でした。ブスッとして笑顔を見せず、顔を合わせると、つっかかってきます。親子ゲンカが絶えませんでした。何でこうなんだろうと思い、私は娘の顔を見るのも嫌《いや》になったくらいです。

あるとき、娘が私に言いました。「お母さんの顔も見たくない」。〝環境は心の影〟とはまさにこのことです。娘も私と同じことを考えていたのです。

「笑顔の大切さを生長の家で教えていただきました」と大上敦子さん。
次女・愛美ちゃんと

私は上の子どもたちが小さい頃から、「あなたたちは、お母さんの一番大切な宝物よ」と、口癖《くちぐせ》のように言って育ててきました。それなのに、どうしてこんなことになってしまうのでしょう。思えば子どもたちには、この何年間か、私の入院などで、苦労ばかりかけてきました。幸せにしてやりたいと思っても、相手の意見や考えを聞かないで、親の独《ひと》りよがりのやり方をしていてはどうにもなりません。

一所懸命《いっしょけんめい》やっているつもりでも、自分が気づかないところで子どもを傷つけていたり、足りないところもあったのでしょう。私自身、小さい頃から、親に一方的に「こうでしょう」と言われてきたとき抱いたと同じ気持を、子どもも抱いていたのかもしれません。

でも、「人間・神の子」の真理を知っていたら、きっと挫折《ざせつ》することなく、素晴らしい人生を歩いていけるに違いありません。私は、真理を子どもたちに伝えたいと思い、その年の夏休みに、長男と長女を、生長の家の夏季中・高生練成会に参加させました。

そして私も、誌友会や練成会にはできるだけ参加するようにしました。初めて練成会に参加し、笑いの練習を行ったときのことです。周《まわ》りの人たちは、始まると同時に高らかな声で楽しそうに笑っていますが、私は顔がひきつって、最後には声も出なくなってしまいました。〝なぜ自分だけが笑えないんだろう〟と思い、踊るように体を動かしながら、楽しそうに笑っていた方に声をかけました。その方は、天《あま》の岩戸《いわと》開きの話をしてくれ、笑うことにも使命があるのだと教えてくれました。

「笑うことに使命がある。そして、生きることにも使命があるのだ」――この言葉を何度も自分に言い聞かせ、最後の日の笑いの大会では優勝しました。今までで一番うれしい賞でした。『生命の實相』は、自分の内なる魂が読むのだからと言われて、一年かけて全巻読ませていただきました。

すべての人が神の子なのだ、という真理が心に入って、人を批判しなくなりました。

## 明るく笑顔で

練成会に参加した長女は、そこで同学年のよいお友だちができて、今では、「お母さんの子でよかった」と言ってくれるようになりました。今春、高校生になり、勉強に部活にと励《はげ》んでいます。本当に、ありがたいことです。

私はその後再度、インターフェロン治療を受け、肝機能が正常になり、病院の先生からも、「完治したと言ってよいでしょう」と、ありがたい言葉をいただきました。

「人間・神の子」の教えによって、私は劣等感から解放され、明るく生きられるようになりました。この生長の家の真理を沢山《たくさん》の方々に知っていただき、幸せになってほしい……。特に、小さい子どもをもつお母さん方に知っていただいて、子育てに生かしてほしいと思います。

小さい頃から、困っている人を助けたいという願いをもっていた私は、看護婦の仕事に就《つ》き、もう十九年になります。現在、市内の病院の精神科に勤務しております。「笑顔が大切」と生長の家で教えられていますので、患者さんに、「朝晩、鏡を見て、〝今日はいいことがある〟〝明日はいいことがある〟とニコッと笑顔をしましょう」と言っておりましたら、それを実行したりして、自宅で生活できるようになった方もおられます。

また、生長の家の集まりで、私の体験発表を聞いた躁鬱《そううつ》病の方は、私が一所懸命生きていると思われたのでしょう、差し上げた『理想世界』誌*を読むうち、病状もよくなり、いまでは、生長の家の青年会*活動に励むようになっておられます。

今年は、団体参拝練成会*と、本部練成道場*の短期練成会に参加してみたい…。そして、自分自身で天職だと思っている看護婦の仕事と、生長の家の教えを通して、人様のお役に立ちたいと思っております。

（平成八年六月号　撮影／原　繁）


*『光の泉』誌＝生長の家の男性向け月刊誌。日本教文社刊。

*教化部長＝生長の家の各教区の責任者。

*相愛会＝生長の家の男性のための組織。

*『理想世界』誌＝生長の家の青年向けの月刊誌。

*青年会＝生長の家の青年男女を対象とし、生長の家の真理を学び実践する会。

*団体参拝練成会＝各教区ごとに生長の家総本山に団体で参拝し受ける練成会。生長の家総本山は、巻末の「生長の家練成会案内」を参照。

*本部練成道場＝巻末の「生長の家練成会案内」を参照。

# 女性として天分を発揮するとき喜びが

山口県下関市　松谷昭子《まつたにあきこ》（36歳）

行動的で、外で活躍することが好きな松谷さんは、子育てに時間をとられることが苦痛で、子供たちを「時間泥棒」と思ったことも。夫にも「子育てを私だけに押しつけて！」と不満をぶつけていた。そんなとき、生長の家の聖歌「おみなこそ　生けるかいあり　天地《あめつち》の　なべての人の　母にしあれば」を聞き、感動し、「女性として、妻として、母としての天分を発揮しよう」と思った。

私が生長の家に触れたのは母の勧《すす》めで、春休みに「中学生練成会」に参加してからです。当時は、父の勤めの関係で沖縄に住んでいました。母につれられて生長の家沖縄県教化部に着くと、男性の職員さんが合掌して「ありがとうございます」と笑顔で迎えてくださいました。それがとても新鮮に思えて嬉《うれ》しかったのを覚えています。

講師の方々から「人間は神の子で、無限の力があるのです」と教えていただき、何か勇気が湧《わ》いてくるような気がしました。その時、来てよかったと思いました。

私の母が生長の家に入信したのは、父の病気を治したいという一念でした。父は真面目な性格で、子供たちにも優しく怒ったことがありません。唯一《ゆいいつ》の楽しみがお酒でした。それが原因かどうか、肝臓を病んで入退院を繰り返していました。母は、生長の家独得の座禅的瞑想法である「神想観《しんそうかん》」をしていました。父の完全円満な実相を心に描き、正座・合掌して祈っていたのです（そのお蔭《かげ》で、今も両親は元気で楽しく過ごしています）。

「中学生練成会」から帰ってきてからは、生長の家の青年向け月刊誌『理想世界』を愛読しました。真理のことばを心に浴びたいと思ったからです。大学へ進学する時に、人のために役に立つ仕事がしたいと思いました。それが私の場合は「福祉関係の施設で働きたい」ということでした。

その頃、家族と住んでいた佐賀県にある大学の「社会福祉学科」に学びました。大学には「子供をめぐる問題研究会」というサークルがありました。自閉症の子供を持つ親の会の人達と交流して勉強させていただきました。部員は私を含めて六人でした（その後、部員も増えているそうです）。その時の部長・松谷法史《のりふみ》が私の主人になりました。

主人は大学を卒業すると、出身地の山口県に戻り、特別養護老人ホームに就職しました。社会福祉士、介護支援専門員、主任生活相談員の肩書きを持って、日々汗を流しています。主人が大学を卒業した後は、文通と電話で、近況を報告しあい、時には自動車で二時間かけてお互いの家を訪ねて、心の交流を深めました。私も大学を卒業すると、生活指導員として、知的障害者の施設に就職しました。たとえ現象に障害があっても、実相は「人間・神の子、完全円満である」という生長の家の教えを心の支えにして明るく働きました。

## 育児に疲れる

平成三年に私達は結婚しました。主人の父は小学校の教師で、義父母はとても包容力があって優しい人です。こんな素晴らしい両親に育てられた主人も素晴らしい人だと思いました。主人はお姉さんと二人きょうだい。性格は明るくて面倒見の良い人です。

翌年に赤ちゃんが宿り、私は母になるよろこびで心がはずむ思いでしたが、その赤ち

「女性としての天分を十分に発揮すれば、そこに幸せの花がいっぱい咲くことを教えていただきました」と松谷昭子さん。ご主人の法史さんと

ゃんはこの世に産声をあげることはありませんでした。「流産」でした。目の前が真暗になって、気持ちは落ち込み、しばらくは立ち直れないショックでした。

私の実母が、心配してくれて「聖経『甘露《かんろ》の法雨《ほうう》』を読誦《どくじゅ》しなさい」と言いました。母の勧めることは素直に聞くことが出来ました。熱心に聖経を読誦するうちに、心のショックも癒《い》えてゆきました。

六年三月に長女を授かりました。長女が宿ったとき、私は「流産」で悩み苦しんだ時のことを思い出して不安がよぎりました。母に相談すると、「『生命の教育』(谷口雅春著、日本教文社刊)という本があるから読みなさい。あなたが生む子は神の子だから神様に全《すべ》てをお任《まか》せしなさい。神の子は神様が育ててくださるのよ」と話してくれました。「そうだ、私は神様にすべてをお任せすればよいのだ」と思うと、とても気持ちが楽になりました。長女の出産を誰よりも喜んでくれた主人は、忙しい勤めにもかかわらず、夜は急いで帰ってきて、風呂に入れてくれました。長女を中心にわが家は回転しているようで、しあわせでした。

続いて八年七月に次女が授かりました。その次女を授かった頃から、子育ては私にとってはいるようにはなりまして、「私は何者か」と問うたことはなかったのです。

子ですが、どのお母さんもされているように、朝起きてから一日中、子供の用事にふり回される生活が続くと、子供が「私の自由な時間を奪う時間泥棒」のように思えてくるのです。主人に対しても「長女の時は早く帰って風呂に入れてくれたのに、次女の時は私が風邪を引いて熱があっても、協力してくれず、私が自分で風呂に入れている」などと不満ばかりが募《つの》っていきました。

そのうちに私には、佐賀県に両親を残して、主人の元にお嫁に来てあげたという思いあがった気持ちが、むくむくと頭をもたげてきました。その上、私ひとりに家庭と子育てがすべて押しつけられているという、被害者意識に落ち込んでしまったのです。

## 本物の私は神の子でした

昨年六月、山口県の生長の家白鳩会の教区大会があり、私は誘われて参加しました。指導して下さった勅使川原淑子《てしがわらよしこ》・白鳩会会長＊は、ご講話の中で、谷口雅春先生の奥様である谷口輝子《てるこ》先生の和歌に曲がつけられた聖歌「をみなこそ」をご紹介くださいました。

「おみなこそ　生けるかいあり　天地《あめつち》の　なべての人の　母にしあれば」

私は胸に熱いものがこみ上げ、涙があふれてきました。今までにない感動でした。それは、私がその時、失っていた女性としての大切なものを気づかせてくれたのです。女性としてこの世に生まれて来て、女性としての天分を十分に発揮すれば、そこに、いくらでも喜びが生まれて、幸せの花がいっぱい咲くということを、あらためて教えていただきました。

今までそのことに気がつかなかったのはなぜだろうか……と思いをめぐらしました。それは、何でも自分中心に物ごとを考えて心の余裕を失っていた私だったからでした。私はこんなに一所懸命に育児をしているんだ、家事をしているんだ、と思い上がっていたから、心が狭くなり、家族に対して優しい心遣《づか》いができなくなっていたのでした。愚《おろ》かな妻であり、母親だったと反省しました。そして、主人や子供たちに申し訳なかったという気持ちでいっぱいになりました。

「よし、生き方を変えよう」と決めて、それには「神想観がいい」と思いました。これまでの神想観は長続きしませんでした。ところが今度は、強い決意で「行くしかない！」と自分に言い聞かせて、自動車で十分ほどの所にある生長の家綾羅木道場に七月から通い始めました。神想観は自宅ですればいいのですが、それでは決意が続かないと思えたからです。

生活は一変しました。目覚まし時計をセットして午前四時十五分に起床。四時四十分に家を出ます。最初のうち主人からは「三日坊主ならやめとけ、行くなら四日は行けよ」と冷やかし半分の励ましを受けました。

私も決意は固いつもりでも、毎日続けられるか一抹《いちまつ》の不安がありましたが、「今やらなければ、一生後悔する！」と心の底から自分に誓っていましたから続きました。何よりも嬉しかったのは、主人の理解と、綾羅木道場の信徒の方たちに励まされたことです。

長女の小学校や、次女の幼稚園の行事がある日は、早朝から家事に追われるので道場に行けません。寝坊をしてしまったこともあります。そんな時は、自宅で神想観をします。三十分が無理な時は、十五分でも、十分でもいいからしました。もし、それも無理な時は〈我が魂の底の底なる神よ、無限の力湧き出《い》でよ〉と、家事の合間に何回も何十回も繰り返し唱えます。この程度のことで毎日、神想観をしているとは、おこがましいと思いますが、しかし確実に私は変わってきました。

早朝神想観の帰り道、私は車の窓を開けます。外の空気が車内に広がりフロントガラスから朝日が私を祝福してくれているように感じられます。澄《す》み切った空気の清々《すがすが》しさ、小鳥のさえずりの心地《ここち》良さ。道端に咲く名もない草花までがいとおしく感じられて、思わず話しかけたくなります。それは神想観のお蔭《かげ》で、「私は神様に生かされている神の子だった」と本当の自分に出会えたからだと思います。

私の考え方も変わりました。主人は仕事ばかりして家庭を顧《かえり》みてくれないという考えから、「家族のために一所懸命働いて下さっている。ありがとうございます」と合掌して感謝できるようになりました。朝は握手して見送り、夜は心から「お帰りなさい。お疲れさまでした」と迎えるようになりました。愚痴や不満もなくなりました。

「時間泥棒」と思ったこともある、二人の子供も素直に明るく育っています。小学生の長女は金子みすず*の詩が大好きで大きくなったらお父さんのように、人の役に立つ仕事をしたいと言っています。幼稚園児の次女は明るい性格で、家の中に笑いをふりまいてくれます。

笑顔を忘れないようにして、子供たちには「あなたはすばらしい神の子さん」とやさしい言葉を掛けています。主人の両親、私の実家の両親、主人と私のきょうだいにも感謝を忘れません。忘れていけないのは両家のご先祖さまです。毎日、聖経『甘露の法雨』を読誦して供養をさせていただいています。

この神様に生かされている喜びを一人でも多くの人に伝えたいと、『白鳩』を近所の方に配り、六年からは自宅で「母親教室」を毎月、開催しています。お誘いすると喜んで参加してくださる方もいます。その時の私は嬉しくて、心の底から「ありがとうございます」と合掌してお一人お一人をお迎えします。

私にとって「神想観」は幸せの始まり。本当の自分との出会いです。だから、これからも神想観をしながら、神の子として輝きたいと思っています。

（平成十四年十一月号　撮影／中橋博文）

＊勅使川原淑子・白鳩会会長＝現在は、生長の家アメリカ合衆国教化総長。
＊金子みすゞ＝大正末期から昭和初期まで作品を発表した山口県生まれの女流詩人。

| 教化部名 | 所　在　地 | 電話番号 | FAX番号 |
|---|---|---|---|
| 静岡県 | 〒432-8011　浜松市城北2-8-14 | 053-471-7193 | 053-471-7195 |
| 愛知県 | 〒460-0011　名古屋市中区大須4-15-53 | 052-262-7761 | 052-262-7751 |
| 岐阜県 | 〒500-8824　岐阜市北八ッ寺町1 | 058-265-7131 | 058-267-1151 |
| 三重県 | 〒514-0034　津市南丸之内9-15 | 059-224-1177 | 059-224-0933 |
| 滋賀県 | 〒527-0034　八日市市沖野1-4-28 | 0748-22-1388 | 0748-24-2141 |
| 京　都 | 〒606-8332　京都市左京区岡崎東天王町31 | 075-761-1313 | 075-761-3276 |
| 両丹道場 | 〒625-0081　京都府舞鶴市北吸497 | 0773-62-1443 | 0773-63-7861 |
| 奈良県 | 〒639-1016　大和郡山市城南町2-35 | 0743-53-0518 | 0743-54-5210 |
| 大　阪 | 〒543-0001　大阪市天王寺区上本町5-6-15 | 06-6761-2906 | 06-6768-6385 |
| 和歌山県 | 〒641-0051　和歌山市西高松1-3-5 | 073-436-7220 | 073-436-7267 |
| 兵庫県 | 〒650-0016　神戸市中央区橘通2-3-15 | 078-341-3921 | 078-371-5688 |
| 岡山県 | 〒703-8256　岡山市浜2-4-36 | 086-272-3281 | 086-273-3581 |
| 広島県 | 〒732-0057　広島市東区二葉の里2-6-27 | 082-264-1366 | 082-263-5396 |
| 鳥取県 | 〒682-0022　倉吉市上井町1-251 | 0858-26-2477 | 0858-26-6919 |
| 島根県 | 〒693-0004　出雲市渡橋町542-12 | 0853-22-5331 | 0853-23-3107 |
| 山口県 | 〒754-1252　吉敷郡阿知須町字大平山1134 | 0836-65-5969 | 0836-65-5954 |
| 香川県 | 〒761-0104　高松市高松町1557-34 | 087-841-1241 | 087-843-3891 |
| 愛媛県 | 〒791-1112　松山市南高井町1744-1 | 089-976-2131 | 089-976-4188 |
| 徳島県 | 〒770-8072　徳島市八万町中津浦229-1 | 088-625-2611 | 088-625-2606 |
| 高知県 | 〒780-0862　高知市鷹匠町2-1-2 | 088-822-4178 | 088-822-4143 |
| 福岡県 | 〒818-0105　太宰府市都府楼南5-1-1 | 092-921-1414 | 092-921-1523 |
| 大分県 | 〒870-0047　大分市中島西1-8-18 | 097-534-4896 | 097-534-6347 |
| 佐賀県 | 〒840-0811　佐賀市大財4-5-6 | 0952-23-7358 | 0952-23-7505 |
| 長　崎 | 〒852-8017　長崎市岩見町8-1 | 095-862-1150 | 095-862-0054 |
| 佐世保 | 〒857-0027　佐世保市谷郷町12-21 | 0956-22-6474 | 0956-22-4758 |
| 熊本県 | 〒860-0032　熊本市万町2-30 | 096-353-5853 | 096-354-7050 |
| 宮崎県 | 〒889-2162　宮崎市青島1-8-5 | 0985-65-2150 | 0985-55-4930 |
| 鹿児島県 | 〒892-0846　鹿児島市加治屋町2-2 | 099-224-4088 | 099-224-4089 |
| 沖縄県 | 〒900-0012　那覇市泊1-11-4 | 098-867-3531 | 098-867-6812 |

## ●生長の家教化部一覧

| 教化部名 | 所　在　地 | 電話番号 | FAX番号 |
|---|---|---|---|
| 札　幌 | 〒063-0829　札幌市西区発寒9条12-1-1 | 011-662-3911 | 011-662-3912 |
| 小　樽 | 〒047-0033　小樽市富岡2-10-25 | 0134-34-1717 | 0134-34-1550 |
| 室　蘭 | 〒050-0082　室蘭市寿町2-15-4 | 0143-46-3013 | 0143-43-0496 |
| 函　館 | 〒040-0033　函館市千歳町19-3 | 0138-22-7171 | 0138-22-4451 |
| 旭　川 | 〒070-0810　旭川市本町1-2518-1 | 0166-51-2352 | 0166-53-1215 |
| 空　知 | 〒073-0031　滝川市栄町4-8-2 | 0125-24-6282 | 0125-22-7752 |
| 釧　路 | 〒085-0832　釧路市富士見3-11-24 | 0154-44-2521 | 0154-44-2523 |
| 北　見 | 〒099-0878　北見市東相内町584-4 | 0157-36-0293 | 0157-36-0295 |
| 帯　広 | 〒080-0802　帯広市東2条南27-1-20 | 0155-24-7533 | 0155-24-7544 |
| 青森県 | 〒030-0812　青森市堤町2-6-13 | 017-734-1680 | 017-723-4148 |
| 秋田県 | 〒010-0023　秋田市楢山本町2-18 | 018-834-3255 | 018-834-3383 |
| 岩手県 | 〒020-0066　盛岡市上田1-14-1 | 019-654-7381 | 019-623-3715 |
| 山形県 | 〒990-0021　山形市小白川町5-29-1 | 023-641-5191 | 023-641-5148 |
| 宮城県 | 〒981-1105　仙台市太白区西中田5-17-53 | 022-242-5421 | 022-242-5429 |
| 福島県 | 〒963-8006　郡山市赤木町11-6 | 024-922-2767 | 024-938-3416 |
| 茨城県 | 〒312-0031　ひたちなか市後台字片岡421-2 | 029-273-2446 | 029-273-2429 |
| 栃木県 | 〒321-0933　宇都宮市簗瀬町字桶内159-3 | 028-633-7976 | 028-633-7999 |
| 群馬県 | 〒370-0801　高崎市上並榎町455-1 | 027-361-2772 | 027-363-9267 |
| 埼玉県 | 〒336-0923　さいたま市緑区大間木字会ノ谷483-1 | 048-874-5477 | 048-874-7441 |
| 千葉県 | 〒260-0032　千葉市中央区登戸3-1-31 | 043-241-0843 | 043-246-9327 |
| 神奈川県 | 〒246-0031　横浜市瀬谷区瀬谷3-9-1 | 045-301-2901 | 045-303-6695 |
| 東京第一 | 〒112-0012　文京区大塚5-31-12 | 03-5319-4051 | 03-5319-4061 |
| 東京第二 | 〒183-0042　府中市武蔵台3-4-1 | 042-574-0641 | 042-574-0642 |
| 山梨県 | 〒406-0032　笛吹市石和町四日市場1592-3 | 055-262-9601 | 055-262-9605 |
| 長野県 | 〒390-0862　松本市宮渕3-7-35 | 0263-34-2627 | 0263-34-2626 |
| 長　岡 | 〒940-0853　新潟県長岡市中沢3-364-1 | 0258-32-8388 | 0258-32-7674 |
| 新　潟 | 〒951-8133　新潟市川岸町3-17-30 | 025-231-3161 | 025-231-3164 |
| 富山県 | 〒930-0103　富山市北代6888-1 | 076-434-2667 | 076-434-1943 |
| 石川県 | 〒920-0022　金沢市北安江1-5-12 | 076-223-5421 | 076-224-0865 |
| 福井県 | 〒918-8057　福井市加茂河原1-5-10 | 0776-35-1555 | 0776-35-4895 |

## ●生長の家練成会案内

総本山……長崎県西彼杵郡西彼町喰場郷1567　☎0959-27-1155

　＊龍宮住吉本宮練成会……毎月１日～７日（１月を除く）

　＊龍宮住吉本宮境内地献労練成会……毎月７日～10日（５月を除く）

本部練成道場……東京都調布市飛田給2-3-1　☎0424-84-1122

　＊一般練成会……毎月１日～10日

　＊短期練成会……毎月第三週の木～日曜日

　＊光明実践練成会……毎月第二週の金～日曜日

　＊経営トップセミナー、能力開発セミナー……（問い合わせのこと）

宇治別格本山……京都府宇治市宇治塔の川32　☎0774-21-2151

　＊一般練成会……毎月10日～20日

　＊神の子を自覚する練成会……毎月月末日～５日

　＊伝道実践者養成練成会……毎月20日～22日（11月を除く）

　＊能力開発研修会……（問い合わせのこと）

富士河口湖練成道場……山梨県南都留郡富士河口湖町船津5088　☎0555-72-1207

　＊一般練成会……毎月10日～20日

　＊短期練成会……毎月月末日～３日

　＊能力開発繁栄研修会……（問い合わせのこと）

ゆには練成道場……福岡県太宰府市都府楼南５-１-１　☎092-921-1417

　＊一般練成会……毎月13日～20日

　＊短期練成会……毎月25日～27日（12月を除く）

松陰練成道場……山口県吉敷郡阿知須町大平山1134　☎0836-65-2195

　＊一般練成会……毎月15日～21日

　＊伝道実践者養成練成会……（問い合わせのこと）

○奉納金・持参品・日程変更等、詳細は各道場へお問い合わせください。

○各教区でも練成会が開催されています。詳しくは各教化部にお問い合わせください。

○海外は「北米練成道場」「ハワイ練成道場」「南米練成道場」等があります。

生長の家本部　〒150-8672　東京都渋谷区神宮前1-23-30　☎03-3401-0131　FAX03-3401-3596